Bibliographische Information Der Deutschen Bibliothek
Die Deutsche Bibliothek verzeichnet diese Publikation in der Deutschen Nationalbibliografie; detaillierte bibliographische Daten sind im Internet über http://dnb.de abrufbar.

Findus/C. Metje – Kleine Geschichte der Genossenschaften
2. Auflage, Januar 2022
ISBN 978-3-89771-529-5

kontakt@unrast-verlag.de | www.unrast-verlag.de
Mitglied in der assoziation Linker Verlage (aLiVe)

Umschlag: Findus
Satz: Findus
Druck: Multiprint, Kostinbrod

Ein Dankeschön an alle, die durch Anregungen und Kritik am Entstehen des Comics mitgewirkt haben. Besonderer Dank gilt Thorsten und Bewi.

Kleine Geschichte der Genossenschaften

Text: Caterina Metje | Illustration: Findus

UNRAST

WER WIRD REVOLUTIONÄR?
EINE VERANSTALTUNG DER FAU MÜNSTER
WO ZUR HÖLLE BLEIBT BOERNE NUR WIEDER?!
graswurzel revolut
KLEINE GESC DES ZAPAT
VA MIT LUZ UND FI
HEY ANDI, HIER SIND WIR!
STELL DIR VOR: MANUEL, ARTHUR UND ICH HABEN HEUTE EIN GEWERBE ANGEMELDET!
WAAAS?! IHR SEID ZU DEN AUSBEUTERN GEWECHSELT?!
DAS IST DOCH QUATSCH. NICHT JEDER, DER EIN GEWERBE ANMELDET, IST GLEICH EIN AUSBEUTER. DIE DREI HABEN EINE DRUCKEREI-GENOSSENSCHAFT GEGRÜNDET. DA LÄUFT DAS ALLES EIN WENIG ANDERS.
OK. UND WAS HEIßT DAS KONKRET?
NUN JA. DIE GENOSSENSCHAFTSIDEE HAT EINE LANGE GESCHICHTE. ICH FASSE MICH KURZ. ALLES BEGANN DAMIT, DASS ...

Anfänge der Genossenschaftsbewegung

Groß in Mode kamen die Genossenschaften im 19. Jahrhundert. Allerdings sind sie keine Erfindung der Moderne. Wann genau sich die erste Genossenschaft gebildet hat, kann daher niemand sagen, denn ganz allgemein gesprochen sind Genossenschaften alle Vereinigungen von Menschen, die ein gemeinsames wirtschaftliches Ziel haben. Einigen ging es dabei auch immer um eine Demokratisierung der Wirtschaft. Die Arbeiterselbstverwaltung war z.B. eine zentrale Forderung der Arbeiterbewegung.

Schon in vorchristlicher Zeit soll es Kollektive wie die Essener gegeben haben, die aus religiösen Gründen zusammenlebten, all ihren Besitz teilten und persönliches Eigentum ablehnten. Die Collegien im alten Rom und die Handelsgilden und Handwerkszünfte im Mittelalter sind weitere Beispiele, allerdings handelte es sich hierbei in der Regel nicht um freiwillige Zusammenschlüsse. Bauern kannten die Allmende und den Flurzwang als Formen der Gemeinwirtschaft. Schon vor mehreren hundert Jahren gab es Vereine, die gemeinsam das Geld für den Bau eines Deiches aufbrachten – oder für die Beerdigung ihrer Mitglieder.

Pionier der Gemeinwirtschaft: Robert Owen

Das Wort Genossenschaft leitet sich übrigens von dem Wort noz ab, das (Nutz-)Vieh bedeutet. Genossen waren also Leute, die sich eine Viehherde teilten.

Als einer der Pioniere der Gemeinwirtschaft gilt Robert Owen. Der britische Unternehmer lebte von 1771 bis 1858, also in einer Zeit, in der die Arbeiter und Arbeiterinnen durch die Industrialisierung besonders rücksichtslos ausgebeutet wurden.

Der junge Robert Owen wuchs in einer Welt auf, in der die Arbeitenden täglich 15 Stunden und länger schuften mussten, oft in körperlichen Extremsituationen wie in engen, heißen und feuchten Bergwerksschächten. Auch körperliche Züchtigungen am Arbeitsplatz waren an der Tagesordnung. Viele Menschen hausten zusammengepfercht in heruntergekommenen Quartieren. Zeitzeugenberichte besagen, dass viele das bisschen Geld, das sie verdienten, für Alkohol ausgaben und sich Schlägereien lieferten. Viele kleine Kinder von fünf Jahren mussten täglich 13 Stunden lang arbeiten, zum Beispiel in der Baumwollindustrie.

Geld erhielten sie dafür nicht, oft wurden sie noch von sadistischen Aufsehern gequält. Waisenhäuser verliehen die Kinder als billige Arbeitskräfte an Fabriken und steckten das Geld ein, um so ihren Unterhalt zu zahlen. Frauen wurden schlechter bezahlt als Männer.

OWEN FÜHRTE DEN BETRIEB NEW LANARK ZWISCHEN 1800 UND 1825

Robert Owen war Baumwollfabrikant und kannte das Elend daher aus eigener Anschauung. Er hatte die Fabrik mit dem später berühmt gewordenen Namen New Lanark von seinem Schwiegervater gekauft und hegte idealistische Pläne, dachte dabei aber durchaus auch an sich selbst. Er war überzeugt, dass Schichten von 15 oder mehr Stunden nicht nur den Arbeitern und Arbeiterinnen, sondern auch seinem eigenen unternehmerischen Erfolg schaden mussten. Im Jahre 1799 verkürzte er daher die tägliche Arbeitszeit auf etwa zehn Stunden und schaffte die Kinderarbeit ab. Auch die Arbeitsplätze selbst richtete er nach neuesten technischen Standards in hellen und gut belüfteten Hallen ein.

Owens Konsumverein

Er gründete für seine Arbeiter und Arbeiterinnen einen Konsumverein mit günstigen Lebensmitteln und investierte die Gewinne in die Erziehung seiner Belegschaft. Er richtete ein soziales Zentrum ein und schuf Versicherungen, günstige Wohnungen, Gärten und Grünanlagen, öffentliche Küchen und Bibliotheken. Statt langsam Arbeitende zu bestrafen, belohnte er die besonders Schnellen. Selbst profitierte Owen auch von dieser Praxis: Die Arbeiter und Arbeiterinnen wurden produktiver, friedlicher und tranken weniger. Nach wenigen Jahren war der Wert der Fabrikanlage um 50 Prozent gestiegen.

Klar, das sprach sich herum. Viele einflussreiche Menschen aus ganz Europa besuchten New Lanark, Owen hoffte, dass sie sich ein Beispiel an ihm nehmen würden. Als er aber 1818 in Frankfurt am Main den österreichischen Minister Friedrich von Gentz auf das Thema ansprach, entgegnete dieser: „Wir wissen wohl, was Sie wollen. Aber wir wollen nicht, dass die Massen wohlhabend und unabhängig werden. Wie sollen wir sie dann regieren?"

Aber Owen hatte auch Verbündete im Geiste: John Scott Vandeleur und E.T. Craig gründeten 1831 die genossenschaftliche Kolonie Ralahine in Irland und überließen sie den Arbeitern und Arbeiterinnen einer Elendssiedlung in Pacht – mit der Perspektive, sie als Eigentum zu erhalten, sobald sie einen gewissen Betrag angespart hatten. Chronisten berichten, dass die bislang überwiegend gewalttätigen Arbeiter fortan vom Alkohol abließen und das Gut überaus fleißig bewirtschafteten.

Sie entdeckten sogar noch ungenutzte Flächen, die sie urbar machten und ebenfalls erfolgreich bestellten. Der ökonomische Erfolg der Gruppe wirkte anziehend, so dass in der Folgezeit 29 weitere Arbeitskräfte zu den 53 Gründungsmitgliedern hinzustießen.

Frauenemanzipation innerhalb der Genossenschaft

Die Geschichtsschreiber halten fest, wie sich der Wohlstand auf die Lebensumstände und Prioritäten der Arbeiter und Arbeiterinnen ausgewirkt hat: Sie legten plötzlich Wert auf ein schönes und sauberes Haus mit gepflegtem Garten und auf ordentliche Kleidung. Sie ließen ihre Kinder ausbilden.

Da die Frauen in Ralahine gleichberechtigt waren und es nun Einrichtungen gab, in denen Alleinstehende ohne Wohlstandseinbußen wohnen konnten, konnte eine Ehefrau, die von ihrem Mann schlecht behandelt worden war, ihre Wohnung verlassen und in ein Gemeinschaftshaus ziehen, ohne plötzlich mittellos dazustehen. Leider wurde die viel versprechende Siedlung schon nach zwei Jahren wieder aufgelöst, als Vandeleur sein Vermögen im Casino verspielte. So ging das Projekt, das so gut begonnen hatte, an einem Laster zugrunde, das Vandeleur selbst seinen Mitarbeitern und Mitarbeiterinnen verboten hatte.

Charles Fourier

Charles Fourier, ein französischer Kapitalismuskritiker, der mit seinen Idealen vom libertären Sozialismus, vom Feminismus und von der freien Liebe Philosophen wie Marcuse, Adorno und John Stuart Mill sowie die Situationisten beeinflusst hat, war sein Leben lang von der Idee besessen, einen riesigen Gemeinschafts-Wohnpalast für Arbeiter und Arbeiterinnen zu bauen, der auch viele nützliche Bildungs- und Versorgungseinrichtungen beinhalten sollte.

CHARLES FOURIER (1772-1837)

Das gesamte berufliche und private Leben sollte vergemeinschaftet werden. Fourier hielt nicht viel von der bürgerlichen Familie. Er war aber auch ein äußerst untalentierter Geschäftsmann und daher finanziell nicht in der Lage, seine Ideen auch umzusetzen. Sein Leben lang hoffte er auf einen begüterten Mäzen, fand aber keinen. Übrigens haben Fourier und Owen sich gegenseitig beschuldigt, vom jeweils anderen abgeschrieben zu haben. Plagiatsvorwürfe waren also auch damals schon ein Thema in der Politik.

Jean-Baptiste André Godin

Tatsächlich kopiert hat dann ein anderer die Idee Fouriers – indem er sie umgesetzt hat. 1859 baute der Heizofenfabrikant Jean-Baptiste André Godin in Guise nach diesem Vorbild das Familistère. Die Anlage bestand aus drei dreigeschossigen Gebäudeflügeln mit Geschäften und Speisesälen im Erdgeschoss und Wohnungen für 300 Arbeiterfamilien. Godin selbst wohnte ebenfalls in dem Haus, das heute noch existiert. Es gab Schulen, Kindergärten und ein Theater. Alle Einwohner und Einwohnerinnen bildeten eine Konsumgenossenschaft und bezogen die Güter des täglichen Bedarfs aus dem gemeinschaftlich bewirtschafteten Laden. Nach 20 Jahren beschloss Godin, die Gewinne nach einem Schlüssel, den Fourier entwickelt hatte, zwischen sich selbst, seinen Arbeitern und Arbeiterinnen und dem Reservefonds der Genossenschaft aufzuteilen.

Acht weitere Jahre später starb er und vermachte seine Firma den Arbeitern und Arbeiterinnen.

Agnetapark in Delft und Owens „New Harmony"

Ähnliche Modelle gab es auch in den Niederlanden. Zeitgenossen schwärmten besonders vom Agnetapark in Delft. Das niederländische Unternehmerpaar van Marken begeisterte sich für die Ideen von Owen und Fourier und hatte 1882 für seine Angestellten eine genossenschaftliche Gartenstadt angelegt, die in den Besitz der Arbeiter überging; alle Wohnungen waren – ungewöhnlich zur damaligen Zeit – mit Bädern und fließendem Wasser ausgestattet.

Owen selbst gründete 1825 unter dem Namen New Harmony eine weitere Kolonie in den USA. Ihm ging es nicht nur um die gemeinsame Produktion. Er wollte ein völlig neues Gesellschaftsmodell verwirklichen: Die Mitglieder sollten gemeinsam leben, ihre Kinder gemeinsam erziehen und füreinander beim Lebensunterhalt und bei der Vorsorge für Unfälle, Krankheit und Alter einstehen. Auch war Owen ein Anhänger der Gewissens- und Religionsfreiheit. Alle Männer und Frauen sollten gleich an Rechten und Pflichten sein und ihren Talenten entsprechend arbeiten dürfen. Die Siedlung sollte das gemeinsame Eigentum aller sein.

Owens Tauschbörse

Daraus wurde aber nichts. Das Projekt scheiterte schon nach anderthalb Jahren an den unterschiedlichen Persönlichkeiten der Teilnehmenden. Eine Spur von Owens fortschrittlichem Geist ist aber geblieben. New Harmony war einer der ersten Orte in den USA, in denen das Frauenwahlrecht eingeführt wurde. Außerdem wurde von hier aus das deutsche Wort Kindergarten in den englischen Sprachgebrauch übernommen.
Owen ließ sich aber nicht entmutigen und nahm neue Projekte in Angriff. Unter anderem schwebte ihm ein Tauschsystem vor, in dem die Arbeiter und Arbeiterinnen den Wert ihrer Arbeit direkt in Waren umtauschen konnten.

Um die Verteilung fair zu gestalten, gründete Owen eine Konsumgenossenschaft, bei der jedes Mitglied selbstproduzierte Güter gegen Noten eintauschte, deren Wert sich nach der Arbeitszeit richtete, die zur Herstellung des Produkts nötig gewesen war. Mit diesen Noten konnten die Arbeiter und Arbeiterinnen dann wieder andere Waren bei der Genossenschaft kaufen.

Durch die unmittelbare Vernetzung aller Produzierenden wollte Owen verhindern, dass Zwischenhändler auf Kosten der Arbeitenden Profit machten. Aber auch dieser Idee war kein dauerhafter Erfolg beschieden: Die Industriearbeiter und -arbeiterinnen, denen die Tauschbörsen in erster Linie helfen sollten, konnten außerhalb ihrer Fabriken kaum selbstständig Güter herstellen. Außerdem wurden nach und nach Waren von immer schlechterer Qualität abgegeben. Das dritte und entscheidende Problem bestand aber darin, dass es oft nicht gelang, den Arbeitswert eines Produkts wirklich zu beziffern.

1834 wurde die Börse wieder geschlossen, ein Jahr nach der Räumung der Kolonie Ralahine, die auch nur zwei Jahre existiert hatte und deren Mitglieder ebenfalls Waren gegen Arbeitswertnoten getauscht hatten.

Die ehrlichen Pioniere von Rochdale

Im November 1843 trafen sich arme Flanellweber in einer Wohnstube in Rochdale, einer Industriesiedlung zwischen Yorkshire und Lancastershire. Sie waren verzweifelt. Alle Bitten um bessere Arbeitsbedingungen, alle Forderungen an die Fabrikherren, ja sogar alle Streiks waren vergebens gewesen. Die Selbsthilfe war nun ihre letzte Zuflucht. Und sie wussten, dass sie nur gemeinsam etwas erreichen konnten. Zunächst beschlossen die 28 Gründungsmitglieder, pro Person jede Woche zwei Pence zur Seite zu legen und so über ein Jahr hinweg pro Kopf ein Pfund Sterling anzusparen. Damit mieteten sie einen kleinen Laden an, der anfangs dreimal wöchentlich morgens und mittags geöffnet war, später täglich.

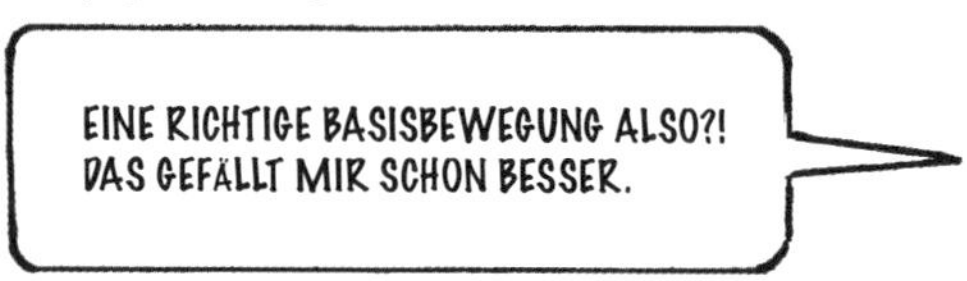

Wenn die Arbeiter und Arbeiterinnen schon keinen höheren Lohn erzielen konnten, dann wollten sie ihren Lebensstandard eben steigern, indem sie ihre Ausgaben für Lebensmittel drückten – und das ging nur, indem sie gemeinsam im Großhandel einkauften und von den Rabatten profitierten.

Die ehrlichen Pioniere von Rochdale

Sie nannten sich „Die ehrlichen Pioniere von Rochdale“. Der Begriff spiegelt ein Prinzip der Pioniere in Bezug auf ihre Preispolitik wider: Sie hatten sich selbst dazu verpflichtet, alles mit Gewinn zu verkaufen – also nicht bestimmte Produkte zu Schleuderpreisen abzugeben. In ihren Grundsätzen schrieben sie: „Wenn wir den Zucker ohne Gewinn verkaufen, dann müssten wir diese Einbuße in heimlicher Weise bei anderen Artikeln wieder herausbringen!“ Es ging ihnen aber nicht um Konkurrenz, sondern um die Verbesserung der Lebensbedingungen ihrer Mitglieder.

Die ehrlichen Pioniere von Rochdale

Der Laden für Bedarfsartikel war aber nur der erste Schritt. Von Anfang an hatten sie außerdem geplant, Wohnungen zu bauen oder zu kaufen, Produktionsstätten für Arbeitslose zu errichten, gemeinschaftliche Landflächen zu erwerben und eine selbstverwaltete Gemeinschaftssiedlung zu gründen, die obendrein noch als Vorbild für andere Kolonien gleicher Art dienen sollte. Punkt sechs des Programms war die Eröffnung eines alkoholfreien Wirtshauses. Denn der Geist der Assoziation, so war man überzeugt, vertrage sich nicht mit dem Geist des Branntweins.

Tatsächlich wird berichtet, dass der Alkoholkonsum in Rochdale seit der Gründung der Genossenschaft stärker zurückgegangen ist, als alle Bemühungen des örtlichen Abstinenzvereins es zu bewirken vermocht hätten.

Im Dezember 1844 eröffneten die Pioniere ihren Laden – anfangs unter dem Spott der übrigen Einwohner und Einwohnerinnen. Sechs Jahre später hatte sich das Gründungskapital verhundertfacht, die Zahl der Mitglieder war von 28 auf 600 gewachsen. Dabei profitierten die Pioniere vom Zusammenbruch ihrer örtlichen Sparkasse. Viele Menschen brachten ihr Erspartes nun lieber in die solide wirtschaftende Genossenschaft ein. Die Pioniere verkauften mehr und mehr Lebensmittel, stellten einen Schuster und einen Schneider ein und gründeten eine Reparaturwerkstatt. Als sie Opfer eines Lieferboykotts wurden, weil Großhändler und Mühlenbesitzer die Geschäftsbeziehungen zu ihnen einstellten, beteiligten sie sich kurzerhand an einer Getreidemühlengenossenschaft, die erst unter der Federführung der Pioniere so richtig in Fahrt kam. Und sie gründeten eine Bibliothek.

In der Bibliothek gab es neben Büchern auch Tageszeitungen und Landkarten, und die Besucher hatten die Möglichkeit, ein Teleskop und ein Mikroskop auszuleihen. Den Pionieren ging es nämlich um mehr als nur um finanziellen Gewinn. Sie wollten sich durch die Kraft ihrer Gemeinschaft auch eine höhere Bildung und ein besseres Wissen über die Welt verschaffen.

Der Nachbartisch meldet sich zu Wort ...

Der Saint-Simonismus und Philippe Buchez

Auch Theoretiker beschäftigten sich im 19. Jahrhundert mit kollektivem Wirtschaften. Einer von ihnen war Philippe Buchez, der die Ideen des Frühsozialisten Henri de Saint-Simon weiterentwickelte. Für Buchez, der von 1796 bis 1865 lebte, war die Arbeiter- und Arbeiterinnenassoziation das Mittel der sozialen Reform. Er beschäftigte sich wissenschaftlich mit dem Thema, bemühte sich aber auch, die Ergebnisse seiner Überlegungen praktisch umzusetzen. Er wollte dabei nicht auf die Hilfe des Staates setzen. Auch den hierarchischen Kommunismus lehnte er ab. Er setzte auf Selbsthilfe und war kein grundsätzlicher Gegner der freien Konkurrenz. Arbeiter und Arbeiterinnen lasen seine Schriften mit Interesse und baten ihn um Hilfe bei der Gründung von Assoziationen, besonders kleine Handwerker und Gewerbetreibende. Vielen jedoch fehlte es an Startkapital.

DER CHRISTLICHE SOZIALIST PHILIPPE BUCHEZ (1796-1865)

Henri de Saint-Simon (1760-1825) gehört mit Robert Owen und Charles Fourier zu den bekanntesten Vertretern eines frühen Sozialismus. Seine christlich konnotierte Lehre beeinflusste Karl Marx und rief zugleich seinen Widerspruch hervor: „Die Religion ist der Seufzer der bedrängten Kreatur, das Gemüt einer herzlosen Welt, wie sie der Geist geistloser Zustände ist. Sie ist das Opium des Volks.“ (Karl Marx, Kritik der Hegelschen Rechtsphilosophie, 1844)

Philippe Buchez

1834 ermöglichten Buchez und einige seiner Freunde Juwelieren mit einem Darlehen die Gründung einer Produktivgenossenschaft. Der Betrieb hatte fast vierzig Jahre Bestand. Auch gründete Buchez eine neue Zeitung, in deren Redaktion nur Arbeiter und Arbeiterinnen saßen. Eine ebenfalls von Arbeitern geleitete Druckereigenossenschaft druckte das Blatt.

Buchez empfahl dringend, dass ein Fünftel des Reingewinns einem sogenannten unteilbaren Kapital zufließen solle. Der Rest sollte den Mitgliedern ausgezahlt werden. Das unteilbare Kapital dagegen durften sie nicht antasten, selbst dann nicht, wenn sie die Genossenschaft auflösten. In diesem Fall sollte die Regierung das Geld einer neuen Assoziation als Gründungskapital zur Verfügung stellen. Es hat sich übrigens gezeigt, dass die meisten Genossenschaften, die auf die Einrichtung eines solchen unteilbaren Kapitalfonds verzichteten, nicht lange Bestand hatten.

Louis Blanc

Louis Blanc lebte von 1811 bis 1882. Anders als Buchez, dessen Arbeit sich vor allem an die Adresse kleiner Gewerbetreibender richtete, interessierte Blanc sich vor allem für die Lage der Arbeiter. Für ihn war die freie Konkurrenz die Wurzel allen Übels. Die Existenz von Fabriken würde das Handwerk ins Unglück stürzen. Der Staat sollte nach Ansicht von Blanc die individualistische Wirtschaftsordnung überwinden, das Mittel dazu sollten industrielle Werkstätten sein, die Blanc wie Produktivgenossenschaften skizzierte.

Während Buchez nur die Selbsthilfe und die gegenseitige Hilfe als wirksamen Ausweg ansah, fand Blanc, dass der Staat mit Genossenschaftsgründungen der Konzentration des Kapitals in den Händen von Privatleuten entgegenwirken sollte. Er strebte eine sozialistische Wirtschaftsverfassung an, in der der Staat der Souverän der Industrie und der Bankier der Armen war. In einer sich anschließenden Phase sollten die Arbeiter und Arbeiterinnen demokratisch die Wirtschaft gestalten. Nach Ansicht Blancs wäre zu dieser Zeit der Staat überflüssig geworden. Die einzelnen Branchen sollten einander solidarisch über Krisenzeiten hinweghelfen.

Louis Blanc

Louis Blanc führte die theoretischen Vorüberlegungen vieler anderer Denker zusammen und formulierte sie klar und verständlich, wie Buchez war er überzeugt von der Notwendigkeit eines unteilbaren Reservefonds.
Blanc war aber auch ein Praktiker: In der zweiten Hälfte des 19. Jahrhunderts gründeten sich überall in Frankreich Produktivgenossenschaften in allen Wirtschaftssparten. Blanc unterstützte viele Gruppierungen, indem er ihnen half, Grundregeln aufzustellen und auszuwählen, wer ihnen vorstehen sollte.
Leider scheiterten viele Initiativen am Finanziellen.

Es gelang Blanc zwar, staatliche Aufträge für neue Genossenschaften einzuwerben, auch stellte der Staat 1848 einen Kredit für die Gründung von Großassoziationen zur Verfügung.
Aber die Summe war zu gering, viele Betriebe setzten das Geld nicht richtig ein und gingen bankrott. Der Staat fuhr seine Unterstützungspolitik zurück.
Erfolg war vor allem den Handwerksgenossenschaften beschieden, industrielle Betriebe erwiesen sich oft als zu anspruchsvoll in der Führung und im Management.

Auch in Deutschland hat man sich heftig über die richtige Art der Kollektivwirtschaft gestritten. Im Grunde wollten alle das gleiche - aber alle auf unterschiedlichen Wegen.

Einer der Protagonisten ist der 1800 geborene Mann mit dem etwas sperrigen Namen Victor Aimé Huber. Huber wechselte im Leben mehrfach den Beruf sowie die politische und die religiöse Einstellung; die soziale Frage lag ihm allerdings immer am Herzen. Als junger Mann lernte er Robert Owen kennen, mit dem seine Eltern in Kontakt standen. Er studierte Medizin, lernte Sprachen, reiste in Europa herum und verfasste Zeitungsberichte. Er schloss sich der spanischen Freiheitsbewegung an und kämpfte in der Nationalgarde. Politische Unterdrückung, Armut und Elend in Spanien, England und Schottland erschütterten ihn.

Victor Huber

Vom Liberalismus und von Repräsentativverfassungen erwartete er jedoch kein Heil. Er glaubte an die Monarchie und das Bürgertum und unterhielt Kontakte zu christlichen Sozialisten. Er erkannte die Fehler in der Eigentumsverteilung, aber für ihn lag der Fehler nicht im System - er kritisierte vielmehr den Machtmissbrauch der Fabrikherren als charakterlichen Mangel. Um die Lage der Arbeiter und Arbeiterinnen zu verbessern, schlug Huber die Gründung von Arbeiterkolonien vor. In den Wohnhäusern sollten jeweils vier Parteien wohnen, dazu sollte es zentrale Bäcker, Schlachter, eine Mühle, eine Molkerei, eine Schule, eine Apotheke und gemeinsam genutzte landwirtschaftliche Flächen geben.

Die Anschubfinanzierung sollten wohlhabende Mitglieder der Oberschicht oder der Staat leisten. Die Versorgung all jener zentralen Gemeinschaftseinrichtungen sollte über einen Konsumverband organisiert werden. Huber stieß die Gründung vieler Konsumverbände an, indem er die Geschichte der Pioniere von Rochdale in Deutschland verbreitete.

Hermann Schulze-Delitzsch

Ein Zeitgenosse von Huber war Hermann Schulze-Delitzsch. Er lebte von 1808 bis 1883 und hatte schon in jungen Jahren ein ausgeprägtes soziales Gewissen. Während einer Hungersnot pachtete er eine Mühle und ließ Brot backen und verschenken. Er studierte Jura, arbeitete als Richter und gehörte als linksliberaler Abgeordneter der preußischen Nationalversammlung an. Diese Tätigkeit brachte ihn in Kontakt mit Handwerkern, die Petitionen an den Handwerksausschuss der Nationalversammlung richteten. Schulze betonte den Selbsthilfegedanken und konzentrierte sich als Pragmatiker auf das Erreichbare. In seiner Zeit stellte der Ausbau der Infrastruktur die Handwerker vor Probleme. Sie mussten jetzt nicht nur ihr Handwerk beherrschen, sondern auch Kenntnisse in Betriebswirtschaft und Management haben und vielfältige Handelsbeziehungen pflegen. Um angesichts der gewachsenen Konkurrenz zu überleben, mussten sie große Mengen Rohstoff besonders günstig spekulativ auf Vorrat einkaufen. Die Tendenz ging zum handwerklichen Großbetrieb.

1849 half Schulze-Delitzsch eine Versicherungskasse einzurichten, die im Krankheits- und Todesfall zahlte: Die reichsten Mitglieder dieser Versicherung erhielten nur kostenfreie Medikamente, jenen mit einem mittleren Einkommen wurden zusätzlich die Arztkosten erstattet, und die ärmsten Mitglieder erhielten darüber hinaus auch noch Krankengeld.

Im gleichen Jahr regte er eine Rohstoffassoziation für Tischler und eine für Schuhmacher an. Das Ziel war, gemeinsam große Mengen Rohstoff verbilligt zu beziehen und so die Produktionskosten zu senken. Die Schuhmacher brachten das Startkapital auf, indem sie einen Kredit aufnahmen, Eintrittsgelder erhoben und Einlagen bildeten. Die weniger wohlhabenden Tischler konnten sich nur auf Kredite stützen. Leider hatte diese Kooperative nur wenige Jahre Bestand, da ihre Mitglieder zu arm waren, um die Gruppe finanziell über Wasser zu halten.

Die Schuster dagegen konnten ihr Vermögen beständig vermehren. Sie bereisten Messen in Großstädten und kauften Leder in großen Mengen unter Umgehung des Zwischenhandels ein. 1852 traten sie in Leipzig zudem mit einem eigenen Messestand auf. Der Erfolg der Vereinigung lässt sich ferner daran ablesen, dass sie Schuhe bis in die USA lieferten und dass auch schwere Rückschläge sie nicht dauerhaft schädigen konnten: 1867 vernichtete ein Großbrand die gesamten Lagerbestände. Die Rohstoffgenossenschaft war schwer angeschlagen, doch nach 20 Jahren nahm man den Betrieb wieder auf. Er hatte bis 1945 Bestand.

Schulzes Kreditgenossenschaft

Schulze-Delitzsch betätigte sich auch auf dem Gebiet des Kreditgeschäfts. Für kleine Handwerker, Bauern und Bäuerinnen war es damals sehr schwer, einen Kredit zu bekommen. Die öffentlichen Kassen arbeiteten überaus bürokratisch, private Geldgeber nahmen oft ruinöse Wucherzinsen. Schulze gründete daher 1850 einen Vorschussverein, der zunächst auf Wohltätigkeitsbasis arbeitete. Später gestaltete Schulze den Verein nach den Prinzipien der Solidarhaft und Selbsthilfe um. Jeder und jede bürgte für jeden und für alle Verbindlichkeiten der Genossenschaft. Kredite wurden nur an Mitglieder ausgegeben, ein weiteres Kriterium war eine Bürgschaft.

Andi, übe Dich in Geduld! Dein oller Marx kommt auch noch. Aber jetzt geht´s erst mal mit dem Herrn Raiffeisen weiter.

Friedrich Wilhelm Raiffeisen

Besonders bedeutsam für die Genossenschaftsbewegung auf dem Land war Friedrich Wilhelm Raiffeisen, der von 1818 bis 1888 lebte. Er war Kommunalbeamter und Bürgermeister und zeigte seine soziale Ader schon früh, indem er in Hungerzeiten Mehl an mittellose Familien verschenkte und Arbeitsplätze für verarmte Bauern im Straßenbau schuf.

Zur Zeit Raiffeisens war die Landwirtschaft im Umbruch. Die Bauern und Bäuerinnen waren nicht mehr einem Lehnsherrn unterstellt, konnten aber auch nicht mehr von dessen wirtschaftlichem Schutz profitieren. Die in Besitz gebliebenen Bauern mussten ihre Produkte selbst vermarkten, die enteigneten Bauern mussten ihre Arbeitskraft nun gegen einen Lohn veräußern. Die Geldwirtschaft löste mehr und mehr die Tauschwirtschaft ab, und die verbesserte Infrastruktur ermöglichte es den Grundbesitzern, an ein größeres Umfeld zu verkaufen. Dadurch wuchs die Konkurrenz unter den Besitzenden und damit der Druck, teure Maschinen anzuschaffen.

Friedrich Wilhelm Raiffeisen

Raiffeisen erlebte mit, wie Wucherer die Not der Bauern skrupellos ausnutzten, wenn diese etwa nach einer Missernte Geld brauchten, um in ihren Hof zu investieren. Er erlebte, wie Gläubiger Zinsen in Höhe von 150 Prozent und mehr verlangten, und er erlebte, wie überschuldete Bauern ihrem Leben ein Ende setzten. Raiffeisen machte Karriere und wurde 1849 Bürgermeister von Flammersfeld und fünf Jahre später von Heddesdorf, hier gründete er seine ersten Darlehensvereine.

Die Bauern konnten dort nicht nur Geld ansparen und Kredite aufnehmen, wozu sie im Idealfall einen Bürgen mit Grundbesitz vorweisen mussten, der Verein hatte auch eine Bibliothek und eine Fürsorge-Organisation für Waisenkinder.

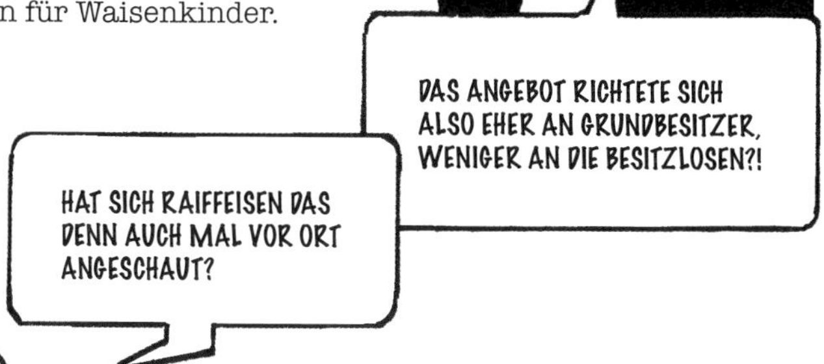

Sicher. Im Laufe der Jahre lernte Raiffeisen auch andere Organisationsformen ländlicher Kreditgenossenschaften kennen, namentlich einen Verein in Anhausen. Dabei stellte er fest, dass für Kreditgeber in der Landwirtschaft andere Prinzipien sinnvoll sind als gegenüber städtischen Handwerksbetrieben, und orientierte sich beim Aufbau und bei der Gestaltung seiner Darlehenskassen fortan an anderen Maßstäben als Schulze bei seinen Kreditgenossenschaften.

Raiffeisen versus Schulze-Delitzsch

... Landwirte haben vergleichsweise wenig Bargeld, weil ihr Vermögen in ihrem Hof, ihrem Land, ihren Maschinen und ihren Tieren steckt.
Raiffeisen verzichtete daher nach dem Vorbild des Anhausener Vereins auf die Eintrittsgelder, die bei den Kreditgenossenschaften nach Schulze-Delitzsch üblich waren. Stattdessen sollten die Bauern und Bäuerinnen mit ihrem nichtmonetären Vermögen haften. Schulze fand ein solches Vorgehen riskant und unseriös.

Auch wirft eine Landwirtschaft oft erst nach Monaten Ertrag ab, ein Handwerksbetrieb dagegen im Idealfall schon nach wenigen Tagen. Die Kreditlaufzeiten waren daher in den Raiffeisenschen Vereinen auf dem Lande viel länger als in der Stadt - fünf bis zehn Jahre statt nur drei Monate - zumal Raiffeisen die Erfahrung gemacht hatte, dass die Sparer auf dem Lande ihr Geld lieber langfristig anlegten. Schulze, der mit den bäuerlichen Gepflogenheiten nicht vertraut war, sah die Darlehenskassen in ihr sicheres Verderben schlittern.

Drittens hatte Raiffeisen für seine Kreditvereine eine ausgleichende Zentralbank geschaffen, die ihnen bei akuten Liquiditätsproblemen aushelfen sollte. Diese Zentralbank war ein übergeordnetes Kreditinstitut für die lokalen Kreditinstitute und stellte aus Sicht von Schulze den Gipfel der Unsolidität dar, weil sie gegen den Grundsatz der solidarischen Haftung verstieß: Schulze fand es nicht gut, dass Mitglieder der Darlehenskassen für die Entscheidungen der übergeordneten Genossenschaftsbank haften sollten, auf die sie keinen Einfluss nehmen konnten.

Schulze setzte 1876 über einen Reichstagsbeschluss durch, dass auch Raiffeisens Darlehenskassenvereine monetäre Geschäftsanteile verlangen und Dividende zahlen mussten.

Auch in Bezug auf die Zentralbank gab der Reichstag Schulze recht, nicht jedoch im Streitpunkt um die Kreditlaufzeiten. Schulze wollte anschließend mit Raiffeisen in Kontakt treten und sich mit ihm über die weitere Gestaltung der genossenschaftlichen Politik beraten, doch Raiffeisen lehnte ab. Er konnte Schulze die Einmischung nicht verzeihen, und die beiden Männer haben sich nie wieder vertragen.

Ferdinand Lassalle

Das enfant terrible der Genossenschaftsbewegung war Ferdinand Lassalle. Er lebte nur von 1825 bis 1864, und doch hat er es in dieser kurzen Zeit geschafft, der deutschen Sozialpolitik einen unauslöschlichen Stempel aufzudrücken. Ferdinand Lassalle kam aus großbürgerlichen Verhältnissen und hatte einen unstillbaren Bildungsdurst. Er galt als der erste Heraklit-Experte der neueren Geschichte. Wie ausgeprägt seine Bereitschaft war, sich auf Gedeih und Verderb einer Sache zu verschreiben, zeigte sich, als eine ältere Freundin sich von ihrem Ehemann trennen wollte. Um ihr in ihrem Scheidungsprozess beizustehen, hat er extra Jura studiert und den Prozess tatsächlich auch gewonnen. Unter anderem hat er ein siebeneinhalbstündiges Plädoyer gehalten, woraufhin sich die Gegenseite 14 Tage Pause erbitten musste, um die Antwort vorzubereiten.

Dieser Prozess machte Lassalle nicht nur reich, sondern auch berühmt. Etwa zur Zeit dieses Prozesses knüpfte Lassalle auch erste Kontakte zu Marx und Engels. Allerdings wurden Marx und Lassalle nie enge Freunde – zu groß war das Konkurrenzverhältnis zwischen den beiden Männern, auch beschuldigte Marx Lassalle, alles von ihm abgeschrieben zu haben, ohne die Quelle zu nennen. Kontakte pflegte der umtriebige junge Wissenschaftler auch zu den Humboldt-Brüdern, John Stuart Mill, David Ricardo, Richard Wagner und Heinrich Heine. Viele bewunderten anfangs seine intellektuelle Brillanz und wandten sich später aufgrund seines eitlen und ehrgeizigen Naturells von ihm ab.

Lassalle warb für Produktivgenossenschaften mit staatlicher Unterstützung. Mit ihnen wollte er sukzessive den Sozialismus aufbauen. Er verachtete Konsumgenossenschaften: Aus ihnen, so meinte er, könnten die Arbeiter nur dann einen Vorteil ziehen, wenn sie nicht alle in solchen Konsumvereinen wären.
Sobald alle Arbeiter in Konsumgenossenschaften wären und von den dadurch erwirkten niedrigeren Lebenshaltungskosten profitieren würden, würden die Arbeitgeber die Löhne senken, und der Vorteil durch niedrigere Lebenshaltungskosten wäre dahin.

Nach Ansicht von Lassalle war das Hauptproblem der Arbeiter nicht, dass sie als Konsumenten zu viel zahlten. Es sei vielmehr ihr Hauptproblem, dass sie als Produzenten zu wenig Lohn erhielten, dass sie also ausgebeutet würden. Darum stritt er für Produktivgenossenschaften. Er war aber überzeugt, dass diese ohne staatliche Anschubfinanzierung nie und nimmer Erfolg hätten, sondern nur den Todeskampf des Handwerks verlängern würden. Auch Kredit- und Rohstoffgenossenschaften lehnte er ab, sie seien für Industriearbeiter bedeutungslos.

Ferdinand Lassalle

Lassalle hatte jedoch auch Freunde und Bewunderer in einem politischen Spektrum, in dem man sie aus heutiger Sicht nicht mehr vermuten würde. So pflegte er intensiven Kontakt zu Otto von Bismarck, mit dem ihn der Hass auf die liberale Partei verband. Lassalle erreichte, dass eine Abordnung schlesischer Weber dem König vorgestellt wurde, der sich auf Bismarcks Fürsprache hin bereitfand, aus seinen privaten Geldmitteln die Gründung einer Produktivgenossenschaft zu unterstützen. Allerdings scheiterte diese Genossenschaft trotz wiederholter königlicher Zuwendungen. Auch wenn die Meinungsverschiedenheiten zwischen dem konservativen Regierungschef und dem sozialistischen Revolutionär auf die Dauer unüberbrückbar waren, hat sich Bismarck stets begeistert über Lassalles brillanten Intellekt geäußert und fand viele seiner Ideen, zum Beispiel gerade die Produktivgenossenschaften, durchaus überzeugend.

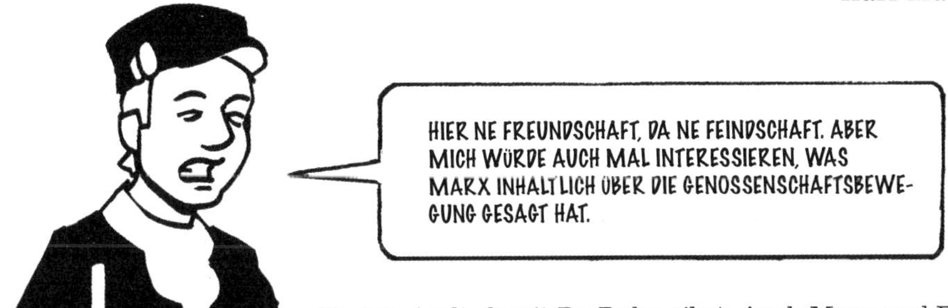

Na gut, Andi, damit Du Ruhe gibst: Auch Marx und Engels konnten den Genossenschaften, die sie hier Kooperativen nennen, etwas abgewinnen: „Wir anerkennen die Kooperativbewegung als eine der Triebkräfte zur Umwandlung der gegenwärtigen Gesellschaft, die auf Klassengegensätzen beruht. Ihr großes Verdienst besteht darin, praktisch zu zeigen, dass das bestehende despotische und Armut hervorbringende System der Unterjochung der Arbeit unter das Kapital verdrängt werden kann durch das republikanische und segensreiche System der Assoziation von freien und gleichen Produzenten." Wenngleich die Genossenschaften „... alle Mängel des bestehenden Systems reproduzieren und reproduzieren müssen ...", sei die Errungenschaft darin zu sehen, dass der „... Gegensatz zwischen Kapital und Arbeit ..." zunächst „... innerhalb derselben aufgehoben ..." ist. Die Arbeitenden sind in einer Produktivgenossenschaften quasi ihre eigenen „Kapitalisten".

Eine Dreiecksgeschichte ...

Huber, Schulze-Delitzsch und Lassalle standen stellvertretend für die drei politischen Hauptströmungen des 19. Jahrhunderts in Deutschland: Huber warb bei der Kirche und den Konservativen für die Sache des staatsfernen Liberalen Schulze und öffnete ihm, der sich vor allem für die Handwerker und Handwerkerinnen und die für sie nützlichen Kredit- und Rohstoffgenossenschaften interessierte, den Blick für die Not der Arbeitenden und die Bedeutung der Konsumvereine. Beide glaubten an Selbsthilfe und lehnten den Zunftzwang ab.

Lassalle verschmähte alle Genossenschaften, die nicht unmittelbar der Arbeiterklasse zugute kamen, und verwies auf Teile der Argumentation Hubers. Er bekämpfte Schulze erbittert, obwohl es zwischen ihnen nur einen wesentlichen Streitpunkt gab: Lassalle war für Staatshilfe, Schulze dagegen. Obwohl Huber Schulze näherstand, teilte er Lassalles Wertschätzung für die Großproduktion und befürwortete Staatshilfen zumindest für den Übergang. Lassalles Hang zur Massenagitation fand Huber unseriös.
Nachdem Schulze Lassalles Kritik als unwissenschaftlich vom Tisch gewischt hatte, verfasste Lassalle eine Schmähschrift, die zum Übelsten zählen soll, was jemals ein Mensch über einen anderen geschrieben hat.

Als Lassalle dann einen privaten Brief fand, in dem Huber einem Zeitungsverleger gegenüber argwöhnte, Schulze habe sich von der Großindu strie kaufen lassen, sah er seine Zeit gekommen, einen Keil zwischen den vergeistigten Staatsromantiker Huber und den hemdsärmelig auftrumpfenden Praktiker Schulze zu treiben, und veröffentlichte diesen Brief in der Zeitung.

Das war Huber furchtbar peinlich – vergebens hatte er noch versucht, die Veröffentlichung zu verhindern. Damit war das Tischtuch zwischen Huber und Schulze zerschnitten. Schulze hat es seinem bisherigen Freunde besonders verargt, dass er seinen Verdacht nicht offen ausgesprochen hatte.
Die Dreiecksgeschichte des Genossenschaftswesens fand 1864 ein jähes Ende mit dem überraschenden Tod von Lassalle, der sich im Streit um eine Frau zu einem Duell hatte hinreißen lassen. Danach genoss Schulze zunächst weiter hohes Ansehen bei der Arbeiterschaft, die damals noch eher liberal als sozialdemokratisch oder gar revolutionär eingestellt war. Er erkannte aber nicht, dass die Arbeiterklasse langsam, aber sicher zum vierten Stand heranreifte. Erst Jahre nach Lassalles Tod verfingen nun dessen Ideen, und die SPD gewann an Aufwind.

Run auf die Konsumgenossenschaften

Von einer Entwicklung wäre der selige Lassalle allerdings nicht erbaut gewesen: Seine geistigen Erben waren zunehmend enttäuscht von den Produktivgenossenschaften, weil diese entweder gescheitert oder den Verlockungen des Kapitalismus erlegen waren. Gleichzeitig zeigte sich, dass die von Lassalle und Marx geschmähten Konsumgenossenschaften in vielen Ländern Europas erfolgreich arbeiteten. Um die Jahrhundertwende änderte sich die Einstellung der SPD zu Konsumvereinen von entschiedener Ablehnung über vorsichtige Toleranz hin zur überzeugten Empfehlung.

Namentlich ab 1889 strömten neue Mitglieder in die Konsumvereine. In diesem Jahr nämlich gestattete das Genossenschaftsgesetz erstmals die Gründung von Genossenschaften mit beschränkter Haftpflicht. Die Mitgliedschaft war folglich nur noch mit einem begrenzten Risiko verbunden. Durch die nunmehr viel höhere Mitgliederzahl konnten die Konsumgenossenschaften große Mengen zu niedrigen Preisen beziehen, große Absatzmärkte erschließen und sogar das Preisniveau beeinflussen. Der organisierte Massenkonsum galt inzwischen als wirksames Instrument zur Stärkung der Arbeitermacht. Die Konsumgenossenschaften, wiewohl sie parteipolitisch neutral bleiben wollten, wurden von Sozialdemokraten und Sozialisten regelrecht überlaufen.

Der Motor für diesen Wandel waren selbstverständlich keine gut situierten und glänzend ausgebildeten Salonsozialisten wie Lassalle, sondern die kleinen Leute von der Straße, die sich ihren Kaffee und ihre Margarine ein paar Reichspfennige billiger zu beschaffen hofften.

Konsum- vs. Kreditgenossenschaften

So entwickelten sich Konflikte zwischen den unterschiedlichen Typen von Genossenschaften: Während die bürgerlichen Kreditgenossenschaften auf Stärkung im Profitkampf abstellten, bezweckten die großteils arbeiterlichen Konsumvereine die Ausschaltung des Profitkampfes und machten mit der Möglichkeit, Sparguthaben anzulegen, den Kreditkassen Konkurrenz.

Die Meinungsführer der Kreditgenossenschaften versuchten mehrfach erfolglos, die Konsumvereine aus dem in Lassalles Todesjahr gegründeten Allgemeinen Verband zu drängen. Am 3. September 1902 beschloss der Genossenschaftstag in Kreuznach den Ausschluss von 98 Konsumvereinen – man hatte ihnen vorgeworfen, die Vernichtung des Mittelstandes anzustreben. Die Folge war eine Welle der Solidarität und die Spaltung des Dachverbands: Schon im November des gleichen Jahres waren 400 Konsumvereine ausgetreten, in der Folge wurden es noch mehr. Im Mai 1903 gründeten 585 Konsumgenossenschaften in Dresden ihre eigene Organisation: den Zentralverband deutscher Konsumvereine.

Adolph von Elm

Einer der Protagonisten im Streit zwischen Einzelhändlern und Konsumvereinen war Adolph von Elm. Der Wortführer des organisierten Konsums war Zigarrensortierer und gehörte damit zu einer privilegierten Gruppe innerhalb der Tabakarbeiterschaft. Sein Leben verlief ereignisreich, 1878 ging er für vier Jahre in die USA, von 1893 bis 1907 saß er für die SPD im Reichstag. Als Gewerkschafter bekleidete er zahlreiche Ämter. Er war der Kunst zugewandt und betätigte sich als Redner, Publizist sowie Organisator von Theateraufführungen.

Ein Leitmotiv all seiner politischen Aktivitäten war die Überzeugung, dass Arbeitende wirtschaftlich stark sein müssen, um im Arbeitskampf durchzuhalten. Während andere der Ansicht waren, dass es nicht die Aufgabe der Arbeitenden sei, Missstände des kapitalistischen Systems erträglich zu machen, plädierte von Elm für eine Arbeitslosenversicherung. Die Gewerkschaften sollten diese organisieren und die Arbeiter und Arbeiterinnen dadurch an sich binden.

Drei-Säulen-Theorie und TAG

Von Elm vertrat auch die Ansicht, dass am 1. Mai jeweils nur die streiken sollten, die sich das ohne Angst um ihren Arbeitsplatz erlauben konnten. Die restlichen sollten arbeiten, aber die Hälfte ihres Lohns zur Unterstützung derer abgeben, die arbeitslos wurden: Nur mit gut gefüllten Streik-Kassen könne man längere Durststrecken überbrücken. Zum anderen werde das Kapital vor einem wirtschaftlich starken Proletariat mehr Respekt haben und kompromissbereiter sein.

Von Elm begründete die Drei-Säulen-Theorie, nach der die Partei, die Gewerkschaften und die Genossenschaften die drei Säulen der Arbeiterbewegung bilden. Auf keine Säule könne ihm zufolge verzichtet werden.

1892 gründete er mit Kollegen die Tabakarbeitergenossenschaft TAG und wurde deren Geschäftsführer. Die Genossenschaft beschäftigte bis zu 700 Mitarbeiter. Nach Arbeitskämpfen bildeten sich seinerzeit regelmäßig Genossenschaften, um die Arbeiter zu beschäftigen, die ihre Stelle verloren hatten. Den meisten dieser Firmen wurde dabei der schlecht organisierte Vertrieb ihrer Waren zum Verhängnis. Die TAG dagegen war sehr erfolgreich, sodass die Genossen von Elm gegen seinen Willen mehr Geld bezahlen wollten.

1894 wurde die Großeinkaufsgesellschaft Deutscher Consumvereine (GEG) gegründet, weil Kleinhändler Fabriken und Großhandel drängten, die Konsumvereine nicht mehr zu beliefern – ein Problem, mit dem schon die Pioniere von Rochdale zu kämpfen gehabt hatten. Die GEG half bei der Gründung, Finanzierung und Einrichtung neuer Konsumläden und gab Bürgschaften. Sie wurde ein wichtiger Absatzpartner für die TAG und kaufte sie später auf.

Für Adolph von Elm war die Produktion die eigentliche Quelle der gesellschaftlichen Wohlfahrt. Da er den Vertrieb als das Hauptproblem der Produktionsgenossenschaften identifizierte, warb er dafür, vor allem für den eigenen organisierten Konsum zu produzieren. Die Kaufkraft der Konsumvereine sollte den Arbeitern Einfluss auf die Produktion geben.

Nach einem großen Streik von Hafenarbeitern 1896 / 1897 überlegte von Elm gemeinsam mit dem Händler Raphael Ernst Mey, wie man die Arbeitenden durch eine Konsumgenossenschaft für längere Kampfphasen wirtschaftlich rüsten könne. Die Lösung sollte ein Sparverein sein, der in eine Mühle, eine Großbäckerei und in den Wohnungsbau investiert. 1899 wurde der Konsum-, Bau- und Sparverein „Produktion" gegründet. Wie in Rochdale konnte man hier nicht auf Pump kaufen. Im Ersten Weltkrieg war der Sparverein bedeutend für die Versorgung der Bevölkerung und der Frontsoldaten mit Fleischkonserven.

ZdK und die Volksfürsorge

Als die Angestellten der Genossenschaftsbäckereien Tarifverträge erhielten, musste der Gewerkschafter von Elm Arbeitgeberfunktionen übernehmen und zwischen seinem Ideal, hohe Löhne zu zahlen, und der Notwendigkeit, wettbewerbsfähig zu bleiben, abwägen.
Als die GEG 1902 in Kreuznach aus dem Allgemeinen Verband geworfen wurde und 1903 den Zentralverband deutscher Konsumvereine gründete, wirkten Heinrich Kaufmann und Adolph von Elm maßgeblich mit. Sie gründeten 1905 ferner die Hamburger Pensionskasse, die es heute noch gibt.

1912 gründeten der ZdK und die Generalkommission der Gewerkschaften Deutschlands die „gewerkschaftlich genossenschaftliche Lebensversicherungsgesellschaft Volksfürsorge“. Adolph von Elm und Heinrich Kaufmann entwickelten das Konzept. Die Volksfürsorge sollte sogenannte Kleinlebensversicherungen verkaufen, also wesentlich Arbeiterinnen und Arbeitern zugute kommen. Die Vertragsbedingungen wurden an die proletarische Lebenssituation angepasst. Gewerkschaftliche Vertrauensleute verbreiteten das Konzept. Besonders bemerkenswert ist der Erfolg der Volksfürsorge vor dem Hintergrund, dass der noch junge Konzern sich im Weltkrieg mit besonders schwierigen Bedingungen konfrontiert sah.

Wohnungsgenossenschaften

Eine spezielle Form der Konsumgenossenschaft war die Wohnungsgenossenschaft. Die Industrialisierung hatte eine für heutige Verhältnisse unvorstellbare Wohnungsnot mit sich gebracht: Die Menschen strömten in die Städte, um Arbeit in den Fabriken zu finden, hier gab es aber nicht genug Wohnraum. Das führte dazu, dass oft mehrere Familien in den heruntergekommensten Baracken zusammengepfercht waren. Ungezählte vermieteten ihr Bett schichtweise oder teilten sich mit vollkommen unbekannten Menschen eine Schlafstatt. Kein Wunder, dass in einer solchen Umgebung ohne jede Privatsphäre Konflikte und Aggressionen entstanden. Männer prügelten sich und schubsten einander die Treppe herunter, Frauen bewarfen sich gegenseitig mit Müll. Krankheiten wie Ruhr, Cholera und Flecktyphus grassierten.

Schon Huber hatte von seinen Reisen nach England und Frankreich Ideen wie die „building societies“ mitgebracht, die Spar- und Darlehensmöglichkeiten boten. Aus ihnen sind später die Bausparkassen hervorgegangen.

Wohnungsgenossenschaften

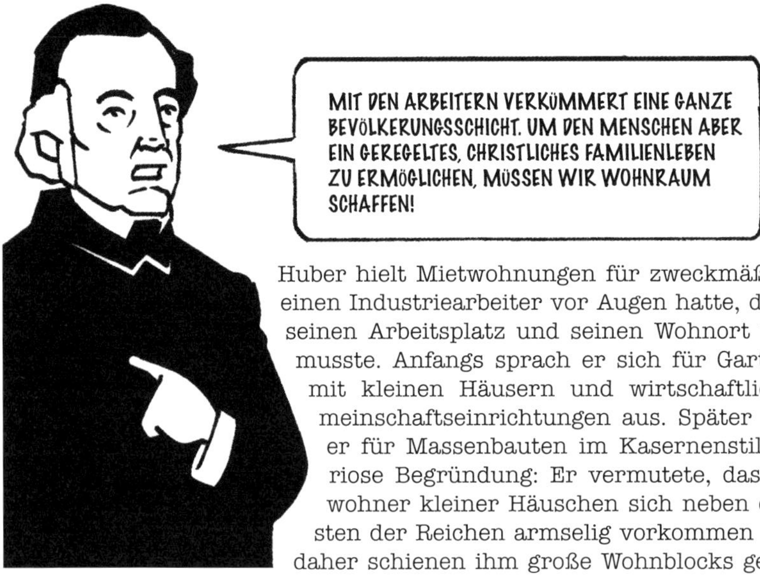

Huber hielt Mietwohnungen für zweckmäßig, da er einen Industriearbeiter vor Augen hatte, der häufig seinen Arbeitsplatz und seinen Wohnort wechseln musste. Anfangs sprach er sich für Gartenstädte mit kleinen Häusern und wirtschaftlichen Gemeinschaftseinrichtungen aus. Später plädierte er für Massenbauten im Kasernenstil. Die kuriose Begründung: Er vermutete, dass die Bewohner kleiner Häuschen sich neben den Palästen der Reichen armselig vorkommen müssten, daher schienen ihm große Wohnblocks geeigneter.

Schulzes Ideal war dagegen das kleine Eigenheim, gefördert durch Wohlfahrt von Unternehmern. Insgesamt gelang es den meisten Baugenossenschaften oder Wohnungsgenossenschaften nicht, das erforderliche Kapital zu bilden.

Recht erfolgreich wirtschaftete hingegen ein Arbeiter-Bauverein in Kopenhagen. Er wurde 1865 gegründet, der Eintritt kostete zwei Kronen, der Wochenbeitrag 35 Öre – bis das Guthaben auf 20 Kronen angewachsen war. Die Häuser, die der Verein baute, wurden den Mitgliedern per Los zugeteilt, blieben aber noch zehn Jahre lang Eigentum des Vereins. Wer zehn Jahre nach seinem Beitritt noch kein Haus hatte, durfte ausscheiden und bekam bis auf einen Schutzbeitrag einen Großteil seines Geldes zurück. Ende 1883 hatte der Verein 523 Häuser für 1.000 Familien gebaut.

Der Flensburger Arbeiterbauverein

Peter Christian Hansen importierte die Idee nach Deutschland und gründete 1878 den Flensburger Arbeiterbauverein. Er ließ kleine Häuser mit bis zu drei Wohnungen bauen, die unter den Mitgliedern verlost wurden und nach etwa 20 Jahren in das Eigentum der Bewohner übergingen. Drei Dinge verhalfen den Wohnungsgenossenschaften zum finanziellen Durchbruch: Die Genossenschaften nahmen Spareinlagen entgegen, die Mitglieder mussten nur beschränkt haften, und Versicherungsanstalten durften einen Teil ihres Vermögens in den genossenschaftlichen Grundstücken anlegen.

Wohnungsgenossenschaften können als Organisationen gesehen werden, in denen echter Genossenschaftssinn besonders deutlich erkennbar wird, denn der gemeinsame Besitz, die kollektive Verwaltung und die vielen Gemeinschaftseinrichtungen wie Sportplätze, Büchereien, Altersheime und Wäschereien schaffen und erhalten Beziehungen zwischen den Menschen.

Mietshäuser Syndikat

Heute ist das herausragende wohngenossenschaftliche Projekt das Mietshäuser Syndikat. Mit Hilfe von Spareinlagen und Direktkrediten macht es Häuser zum gemeinsamen Besitz von denen, die darin wohnen. Auch gemeinnützige Initiativen und soziale Zentren können sich so ein Dach über dem Kopf finanzieren.

Das Syndikatsmodell, bei dem Hausprojekte miteinander verknüpft werden, ist in diesem Fall die sinnvollste Lösung. Jedes einzelne Hausprojekt gründet sich als GmbH. Wären die Hausprojekte dagegen einzelne Genossenschaften, so könnten sie sich nicht miteinander verknüpfen – wir erinnern uns: der gute alte Schulze-Delitzsch hatte das weiland verhindert ... In einer einzigen riesigen Großgenossenschaft schließlich hätten die individuellen Hausprojekte zu wenig Beinfreiheit.

Außerdem wollte sich das Mietshäuser Syndikat nicht der ständigen Kontrolle durch den Genossenschaftsverband unterwerfen.
Alle, die Geld übrig haben und es sinnvoll anlegen möchten, können es beim Mietshäuser Syndikat einem Hausprojekt ihrer Wahl gegen geringe Zinsen zur Verfügung stellen. Über die Mieten werden die Schulden langsam abbezahlt. Viele der Instandsetzungsarbeiten an den Häusern erledigen die Bewohner selbst, wobei sie sich verpflichten, möglichst umweltfreundlich zu arbeiten. Innerhalb der einzelnen Hausprojekte und zwischen ihnen entsteht ein Geflecht von Beziehungen, das gegenseitige Hilfe, Beratung und finanzielle Solidartransfers von Altprojekt zu Neuprojekt ermöglicht.

Das Syndikat bleibt Gesellschafter in jeder einzelnen Hausprojekt-GmbH und verhindert so, dass die Häuser wieder dem Immobilienmarkt zugeführt werden. Über 1500 Menschen haben auf diese Weise ein Zuhause gefunden, und fast 50.000 qm Wohnfläche im Wert von fast 60 Millionen Euro wurden dabei dem Immobilienmarkt entzogen.

Genossenschaften in der Weimarer Republik

Die Weimarer Republik war die Blüte der Konsumvereine. Schon vor dem Krieg, um 1913, hatte der Zentralverband deutscher Arbeiterkonsumvereine 1,6 Millionen Mitglieder in 1120 Gruppen, und nach dem Krieg setzte sich dieser Trend fort: 30 bis 40 Prozent aller großstädtischen Haushalte waren Mitglied einer Konsumgenossenschaft.
Viele der Vereine hatten Namen wie „Befreiung“ oder „Solidarität“, die zum Ausdruck brachten, dass es den Mitgliedern nicht nur um billiges Einkaufen, sondern auch um einen neuen Gesellschaftsentwurf ging.

Dazu passte, dass sich die Konsumvereine mehr und mehr in der Herstellung und Fabrikation engagierten und dies bald auch offiziell als Geschäftszweck auswiesen. Die Konsumvereine übernahmen viele Produktionsgenossenschaften, etwa Bäcker oder Schreiner, und legten Wert auf eine gute tarifliche Bezahlung der Angestellten. Sie trieben die gemeinwirtschaftliche Vernetzung in der Weimarer Republik voran.

1931 hatte die GEG 31 Fabriken, 1933 sogar 58. Die GEG lieferte Brot, Fleisch und Konserven; ein Schwerpunkt waren die sogenannten Kolonialwaren wie Kaffee, Tee, Kakao und Gewürze, darum war als Firmensitz die Hafenstadt Hamburg gewählt worden. Neben Lebensmitteln wurden Kleider, Schuhe, Tabak, Seife, Haushaltstextilien, Bürsten und Streichhölzer hergestellt. Die GEG unterhielt eine eigene Druckerei, und die Genossenschaftsmitglieder erhielten eine Mitgliederzeitung mit spezieller Kinderbeilage.

Auch die Wohnungsgenossenschaften erlebten einen großen Zulauf und errichteten komplette Stadtviertel.

Das nicht zu allen Zeiten unproblematische Verhältnis zur gewerkschaftlichen und parteipolitischen Arbeiterbewegung gestaltete sich in der Weimarer Republik kooperativ: An vielen Fronten bemühte man sich gemeinsam um Wirtschaftsdemokratie, so lautete der Titel des Grundsatzprogramms, das der sozialdemokratische Journalist Fritz Naphtalie als Auftragsarbeit für den Allgemeinen Deutschen Gewerkschaftsbund verfasst hatte. Gemeinsam wollte man dem antikapitalistischen Reformziel näher kommen.

1933 wurde die GEG von den Nazis enteignet und gleichgeschaltet. Sie wurde zum „Reichsbund der deutschen Verbrauchergenossenschaften".

Die Kibbuzbewegung

Auch in Israel experimentierte man mit verschiedenen Typen von Siedlungsgenossenschaften. Die bekannteste und radikalste Form ist der Kibbuz; der hebräische Begriff bedeutet Versammlung.
Entwickelt hat sich die Kibbuzbewegung zu Beginn des 20. Jahrhunderts, als immer mehr junge europäische Juden Palästina besiedelten. Weitere kamen später auf der Flucht vor den Nazis hinzu. Viele von ihnen fanden keine Arbeit und wollten sich in der Landwirtschaft verdingen, doch aufgrund ihrer Herkunft aus der gebildeten Mittelschicht fehlte ihnen die landwirtschaftliche Erfahrung – ein Problem, das sie durch gegenseitige Unterstützung bewältigen wollten. Sie schlossen sich zu Gruppen zusammen und gründeten ab 1909 die ersten bäuerlichen Siedlungen. Hier wollten sie sozialistische Ideale auf freiwilliger Basis verwirklichen.

Das Land gehörte dem Staat, die Siedler sahen sich als besitzlose Arbeiter und fühlten sich der Arbeiterklasse zugehörig. Zu Gewerkschaften pflegten sie ständigen Kontakt. Jeder Interessierte konnte ohne Geldzahlung beitreten und war sofort ein gleichberechtigtes Mitglied.
Die Siedler strebten nach einem einfachen, asketischen Dorfleben mit harter körperlicher Arbeit. Sie wollten mit ihren eigenen Händen etwas produzieren und ihre Betriebe gleichzeitig als Fachleute selbst verwalten.

Jeder sollte dabei nach Möglichkeit das machen, was seiner Begabung und Neigung am ehesten entsprach, aber die Interessen des Kollektivs sollten Vorrang haben. Die Ämter rotierten, so dass jeder mal auf dem Traktor und mal im Büro saß oder am Herd stand. Dabei waren die anstrengenden produktiven Tätigkeiten am beliebtesten: Wer in der Dienstleistung arbeitete, bezeichnete sich bei Befragungen oft als eher unzufrieden. Die Kibbuzim betrieben gemischte Landwirtschaft, um autonom zu sein und um zu jeder Jahreszeit etwas zu tun zu haben. Nach Möglichkeit versuchten sie, durch den Verkauf von Überschüssen Gewinne zu erwirtschaften, um Experimente und neue Projekte zu finanzieren. Auch Industriebetriebe wurden in einem späteren Stadium errichtet.

Der Kibbuz stellte seinen Mitgliedern alles zur Verfügung: Unterkunft, Nahrung und Kleidung, Ausbildung, Kulturprogramm und Versorgung im Krankheitsfall. Anders als konventionelle Bauern hatten die Kibbuzmitglieder geregelte Arbeitszeiten mit festen Urlaubsansprüchen. Auf der anderen Seite gab es keinen Privatbesitz. In den ersten Jahren besaßen die Mitglieder nicht einmal eigene Unterwäsche.

Die Kibbuzbewegung

Eine besondere Betrachtung verdient das Familienleben im Kibbuz. Kinder wurden hier getrennt von ihren Eltern in Gruppen erzogen. Zum einen, weil man sie schon von kleinauf zum gleichberechtigten Leben im Kollektiv erziehen wollte, zum Anderen, um beiden Elternteilen zu ermöglichen, weiterhin in Vollzeit zu arbeiten. Vormittags gingen die Kinder in die Schule, nachts

schliefen sie in Kinderhäusern. Nachmittags aber konnten sie einige Stunden mit ihren Eltern verbringen, die ausschließlich der Freizeit, der Erholung und der Stärkung der emotionalen Familienbande dienen sollten. Die Autorität der Eltern sollte auf ihrem Charakter beruhen und nicht auf ihrer Funktion als Versorger. In den Schulen gab es keine Noten und keine Strafen. Der Gruppendruck führte dazu, dass die Kinder dennoch fleißig lernten. Die Erzieher regten die Lernmotivation der Kinder an, indem sie sie den Unterricht selbst gestalten ließen. Partys und gemeinsame Theaterbesuche stärkten den Zusammenhalt. Ein hohes intellektuelles Bildungsniveau gehörte zu den Idealen im Kibbuz. Jeder sollte auf Wunsch auch studieren dürfen.

Allerdings verursachte der enge Kontakt auch Probleme. Nicht jedem Kibbuz-Mitglied lag es, den ganzen Tag mit anderen zu verbringen, Massenduschen zu nutzen und ständig in großen Speisesälen zu essen. Viele hätten gern mehr Freizeit allein oder mit ihren Ehepartnern und Familien verbracht. Auch bei der Arbeit gab es Konflikte, die durch den Anspruch der Kibbuzmitglieder verstärkt wurden, miteinander befreundet zu sein.
Je größer der Kibbuz wurde, desto umfangreicher und schwerfälliger wurde auch die Verwaltung. Dies warf ein weiteres Problem auf, denn den Idealen der Gründer zufolge sollten alle Entscheidungen basisdemokratisch getroffen werden, doch nach einem harten Arbeitstag empfanden viele die zeitraubenden und anstrengenden Beratungen als Strapaze; das galt besonders für die älteren Mitglieder.

Hohe Kreditzinsen und die Abhängigkeit von der staatlichen Wasserversorgung bereiteten zusätzlich finanzielle Schwierigkeiten.
Bei all dem darf aber nicht übersehen werden, dass die Lebensqualität im Kibbuz vergleichsweise sehr hoch war. Allerdings hatten die Gründer ihr neues Leben mit extrem hohen Erwartungen begonnen und waren daher besonders enttäuscht, wenn einmal etwas nicht funktionierte.

Kooperativen während der Spanischen Revolution ’36

Oft waren es Notsituationen, in denen die Menschen ihr Heil in der Kollektivwirtschaft suchten. Ein Beispiel war der Spanische Bürgerkrieg, in dem die gewählte Volksfrontregierung von faschistischen Putschisten um General Francisco Franco angegriffen wurde. Die Arbeiterschaft des Landes war damals überwiegend anarchistisch eingestellt und stand der Volksfrontregierung, in der SozialdemokratInnen und KommunistInnen koalierten, kritisch gegenüber. Im Kampf gegen den Faschismus verbündeten sich die anarchistischen Gewerkschafter punktuell mit der Regierung, obwohl diese bereits mit Militärgewalt gegen Streiks und Direkte Aktionen vorgegangen war.

Die ArbeiterInnen verbanden ihre Rolle im Bürgerkrieg untrennbar mit der sozialen Revolution. Und die nahmen sie als AnarchistInnen auch gleich selbst in die Hand. Sie bildeten Räte und verwalteten wirtschaftliche und landwirtschaftliche Betriebe kollektiv. Sie verarbeiteten Lebensmittel und betrieben Reparaturwerkstätten sowie ein öffentliches Verkehrsnetz. Auch Rüstung wurde produziert. Schließlich befand man sich im Krieg. Teilweise ging man zur Tauschwirtschaft über. Das stalinistische Russland, das die spanischen KommunistInnen unterstützte, missbilligte den herrschaftsfreien Ansatz: Nach den Frankisten, so drohte die "Prawda" 1936, wolle man als Erstes die AnarchosyndikalistInnen herausfegen.

Die mexikanische Form des Genossenschaftsdorfes war der Ejido. Ursprünglich waren Ejidos eine koloniale Einrichtung, die aber im 19. Jahrhundert vom privaten Großgrundbesitz verdrängt worden war. In den 1930er Jahren führte Präsident Lázaro Cárdenas del Río die Ejidos wieder ein; er erfüllte damit ein Ziel der Mexikanischen Revolution. Ein Ejido war als Dorf mit staatlichem Grundbesitz organisiert, das von einer bäuerlichen Gemeinschaft bestellt wurde.

Eine Unterform waren die UAIMs. Der Begriff steht für „Unidad Agrícola Industrial de la Mujer", Landwirtschaftliche Produktionseinheit der Frau. Fraugruppen konnten sich ein Stück Land zuteilen lassen und durch die Zucht von Hühnern oder Bienen etwas dazu verdienen. Besonders emanzipatorisch, feministisch oder gar rebellisch waren diese Gruppen allerdings nicht: Für die Arbeit in der UAIM brauchten die Frauen die Erlaubnis ihrer Ehemänner. Und viele Männer lehnten arbeitende Frauen ab, etwa, weil in ihrem Weltbild ein Mann in der Lage sein muss, eine Familie allein zu ernähren. Wenn aber eine UAIM gegründet wurde, waren die Ehemänner sogar oft die Initiatoren.

Frauenkollektive und Fair Trade in Lateinamerika

Nicht nur chauvinistische Männer hinderten die Frauen an der Bildung einer Kooperative, auch der Staat machte ihnen das Leben schwer. Die Regierung gewährte die Fördergelder für eine UAIM in der Regel nur infrastrukturell gut erschlossenen Dörfern, die bereits Strom- und Wasserleitungen hatten und ihre Waren über feste Straßen auf die Absatzmärkte bringen konnten. Frauen in schlecht erschlossenen Dörfern hatten dagegen kaum eine Chance.

Ein hoffnungsvolleres Beispiel gab es in Nicaragua. Nachdem der Hurrikan Mitch 1998 ihre ohnehin schlecht bezahlten Arbeitsplätze zerstört hatte, gründeten Näherinnen unter dem Namen „Nueva Vida Fair Trade Zone" einfach ihre eigene Firma – selbstverwaltet, basisdemokratisch und mit fairen und existenzsichernden Löhnen. Ihre umweltfreundlich eingefärbten T-Shirts aus Bio-Baumwolle verkauften sie unter anderem nach Deutschland, wo sie von ebenfalls genossenschaftlichen Textildruckereien weiterverarbeitet wurden.

Gegenseitige Hilfe in Argentinien

Alternative Formen der Ökonomie entstanden auch in Argentinien während der Wirtschaftskrise zwischen 1998 und 2002. Unzählige Menschen verloren ihre Arbeit und machten mit Straßenblockaden, den sogenannten Piqueteros, auf ihre schlechte finanzielle Lage aufmerksam. Die Piquetero-Bewegung erzwang Arbeitsbeschaffungsmaßnahmen durch den Staat: Die Mitglieder der organisierten Gruppen leisteten wöchentlich 20 Stunden gemeinnütziger Arbeit, etwa in einer Volksküche, Bäckerei oder Nähwerkstatt, die die Piquetero-Gruppen eingerichtet hatten, und erhielten dafür staatliche Sozialhilfegelder.

Es gab auch eine Tauschclub-Bewegung, die eine eigene Währung herausgab, den Crédito, der etwa einen halben Peso wert war. Der Staat hatte hier faktisch sein Währungsmonopol verloren, denn das inoffizielle Geld funktionierte teilweise besser als das staatliche, wenn es auch nicht besonders fälschungssicher war.

Arbeiterselbstverwaltung in Jugoslawien

Neben den Kibbuzim und der Spanischen Revolution gilt die jugoslawische Arbeiterselbstverwaltung als das dritte genossenschaftliche Großprojekt. 1948 hatte Stalin Jugoslawien wegen Dissidenz aus dem Ostblock und dem überstaatlichen kommunistischen Bündnis „Kominform“ ausgeschlossen. Die Sozialistische Föderative Republik Jugoslawien, politisch und wirtschaftlich isoliert, stand vor einer ungewissen Zukunft. Anstatt sich nun aber wirtschaftlich am Westen zu orientieren, schlug das Land einen Sonderweg zwischen der Privatwirtschaft und einer Planwirtschaft sowjetischer Prägung ein: Die Arbeiterselbstverwaltung.

Zunächst waren es 215 Betriebe, die Arbeiterräte wählten und die Produktion in Eigenregie übernahmen. Sie sollten die jugoslawische Wirtschaft demokratisieren und ineffiziente Bürokratie abbauen. Zwischen 1950 und 1953 wurde das Modell auch in allen anderen Betrieben Jugoslawiens eingeführt. Die Beschäftigten konnten nun selbst über Lohnhöhe, Investitionen und Produktionsplanung entscheiden. Allerdings, und darin ist eine Einschränkung der tatsächlichen Autonomie zu sehen, lediglich in einem Ausmaß, das die Profitabilität der Unternehmen nicht gefährdete. Von einer Abschaffung des Profitsystems konnte also keine Rede sein.

Das sollte nach Ansicht vieler Menschen in weiteren Schritten vollzogen werden. Durch die konsequente Ausweitung der Selbstverwaltung auf immer höherer – auch politischer – Ebene sollten Führerschaft und Elitenbildung nach und nach überwunden werden. Der überflüssig gewordene Staat sollte allmählich absterben.

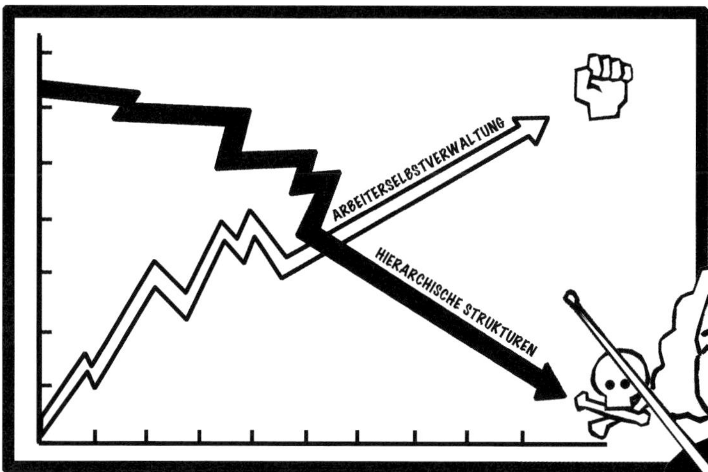

Das Unternehmen scheiterte. Es gelang nicht, die üppige Bürokratie so abzubauen, dass sich die Arbeiterselbstverwaltung voll hätte entfalten können. Auch die materielle Basis der selbstverwalteten Betriebe blieb schwach.

Für die Gründung selbstverwalteter Betriebe wurden hohe Kredite im Westen aufgenommen. In den 1980ern war Jugoslawien so stark verschuldet, dass der Internationale Währungsfonds eingriff. Die Maßnahmen des IWF ließen keine Selbstverwaltung mehr zu; und nach einer massiven Streikwelle gegen die IWF-Reformen kippte die Stimmung – auch durch die Medien und vor allem durch die Propaganda der Sozialistischen Partei – in separatistische Nationalismen.

Genossenschaftswesen in der DDR

Im 20. Jahrhundert haben sich die Genossenschaften etabliert. Teilweise wurden sie riesige konventionelle Massenorganisationen, in denen der Einzelne kaum noch etwas zu sagen hatte. Der ursprüngliche Charakter der aktiven Selbsthilfe und der gleichberechtigten demokratischen Mitbestimmung war dahin. Nicht nur in den westlichen Marktwirtschaften entfernten sich die Genossenschaften von ihren Idealen. Auch im Osten wurde der Gedanke pervertiert.

Schon die Gründung in den 1950er Jahren geschah unter starkem staatlichen Druck, entsprach also nicht dem eigentlichen Ideal von Freiwilligkeit. Den in den Musterstatuten betonten freiwilligen Eintritt gab es nur auf dem Papier. Auch die Arbeit selbst wurde rundherum staatlich organisiert und kontrolliert: Die Genossenschaften unterlagen einem zentralen Kredit- und Produktionsplan und konnten nur begrenzt entscheiden, wie sie ihre Produktionsfaktoren einsetzten. Auch über Ein- und Austritte wachte die Regierung. Persönlichen Freiraum gab es kaum: Jedes Genossenschaftsmitglied war sogar verpflichtet, sich aktiv am kulturellen Leben der Gemeinschaft zu beteiligen.

Die Genossenschaftsmitglieder hatten durchaus mehr Mitbestimmungsrechte als ihre Kollegen in den Volkseigenen Industriebetrieben, auch ihre Löhne waren höher. Die LPG stellte Sozialversicherung, einen Privathaushalt, Verpflegung, Kinderbetreuung und Urlaub zur Verfügung und organisierte Sportveranstaltungen sowie Film- und Vortragsabende. Frauen, Jugendliche und Senioren genossen besondere Fördermaßnahmen. Von echter Selbstverwaltung konnte aber keine Rede sein: Um Produktionsmittel zu kaufen, brauchten die Bauern eine staatliche Genehmigung. Auch für den Materialverbrauch gab es Normen. Der Staat interpretierte den gesellschaftlichen Auftrag und kontrollierte, ob die Genossenschaften diesem gerecht wurden.

Der Plan der LPG musste die Erfüllung der staatlich erteilten Auflagen sichern, und die Mitglieder durften lediglich zustimmen. Das Ziel war, die Menschen mit verschiedenen Typen von Genossenschaften langsam an das erklärte Endziel heranzuführen, den Volkseigenen Betrieb mit staatlichem Eigentum an Produktionsmitteln. Auch sollte die Landwirtschaft der Industriearbeit immer ähnlicher gemacht werden, indem die Bauern Technik, elektrisch betriebene Maschinen und Produkte der chemischen Industrie einsetzten.

Genossenschaften in der Bundesrepublik

Nach dem Zweiten Weltkrieg wollten die Konsumgenossenschaftler an die Weimarer Erfolge anknüpfen. Leider wichen sie dabei von bewährten Prinzipien ab, sie nahmen Fremdkapital auf und gingen zum Nichtmitgliedergeschäft über. Sie agierten also in mancher Hinsicht wie ganz normale kapitalistische Unternehmer. Aufgrund neuer gesetzlicher Bestimmungen hatten sie auch nicht mehr die Möglichkeit, Sparkassenfunktionen auszuüben, und anders als in der Vorkriegszeit durften sie nur noch höchstens drei Prozent Rabatt geben. Das machte die Mitgliedschaft im Konsumverein unattraktiver.

In der sogenannten „Wirtschaftswunderzeit“ interessierten sich die Menschen weniger für Kollektivwirtschaft und Gemeineigentum. Individualismus, Familie und der Rückzug ins Private waren nun angesagt. Außerdem fanden viele Menschen die Produktneuheiten aus den USA faszinierender als die langweilig gestalteten Lebensmittelpackungen aus dem Konsumladen. Die Genossenschaften befanden sich in der Defensive. Was tun? Zuerst entwickelten sie das modernere Markenlogo Coop, dann wurden ab 1972 viele Konsumgenossenschaften Aktiengesellschaften. Schließlich schlossen sie sich zu immer größeren Gruppen zusammen, bis schlussendlich die Coop AG Frankfurt entstand, die zum Großteil in Gewerkschaftshand war.

Skandale und Knockouts

Das Wohnungsunternehmen Neue Heimat, das im Wesentlichen dem DGB gehörte und zumindest anteilig auch in genossenschaftlicher Hand war, verspekulierte sich mit Auslandsgeschäften, bevor 1982 ein in Ungnade gefallener Angestellter öffentlich machte, dass sich Neue-Heimat-Funktionäre über Tarnfirmen an ihren eigenen Mietern bereichert hatten. Nach und nach wurde die Neue Heimat zerschlagen, was die Gewerkschaften finanziell schwächte.

Sie mussten sich aus dem Coop-Geschäft zurückziehen. Ende der achtziger Jahre war dann auch Coop insolvent – freilich nicht ohne einen weiteren Skandal, bei dem ebenfalls Vorstandsmitglieder riesige Geldsummen zweckentfremdet hatten.

Nur die schleswig-holsteinische Coop ging diesen Weg nicht mit und ist heute Deutschlands größte Konsumgenossenschaft.

Auch bei der Bank für Gemeinwirtschaft, die ursprünglich als Bank für Gewerkschaften und Genossenschaften gegründet worden war, verdrängten die Gewerkschaften die Genossenschaften. Die Bank wurde ab den 70er Jahren schrittweise zur Aktiengesellschaft umstrukturiert und schließlich verkauft.

Alternativbewegung der 1970er

Während die „Großen“ ihrem eigenen Gewinnstreben zum Opfer fielen, kam es in den 70er Jahren wieder zu einer Genossenschaftsbewegung von unten.

Den Anstoß gab mal wieder der Strukturwandel in der Arbeitswelt: Die Phase der Vollbeschäftigung endete; mehr und mehr Menschen wurden arbeitslos. Mit dem sogenannten Radikalenerlass aus dem Jahre 1972 wurden über 1000 Menschen aus dem Öffentlichen Dienst entfernt. Viele besannen sich nun wieder auf gemeinwirtschaftliche Ideale und stießen eine Welle von Alternativbetriebsgründungen an. Die Geschäftszwecke waren vielfältig: Stadtteilläden verkauften Ökolebensmittel, Tee und kratzende Wollpullis. Galerien brachten mittellose Künstler und mittellose Kunstliebhaber zusammen. Kollektive reparierten Elektrogeräte und erteilten Reparaturkurse.

Landkommunen gaben selbst angebaute Lebensmittel gegen einen Mitgliedsbeitrag und regelmäßige Mitarbeit günstiger ab. Noch heute wirtschaften die Community Supported Agriculture-Höfe (CSA) nach einem ähnlichen Prinzip, besonders beliebt ist diese Form der Landwirtschaft in Japan.

Neben Web- und Nähstuben, Schreinereien und Töpfereien entstanden Buchverlage und Zeitungen.

Greenpeace wünschte sich mehr Ökostrom – nach Eigenaussage ohne eine Gewinnmaximierung anzustreben. So entstand Greenpeace Energy.

1984 wurde die Ökobank gegründet, sie sollte alternativen Projekten in Europa und anderen Erdteilen bei der Finanzierung helfen. 2003 wurde sie von der zehn Jahre älteren Gemeinschaftsbank für Leihen und Schenken (GLS) aufgekauft, bei der man sein Geld für Zwecke wie Bildung, Betreuung, Kultur oder Ökologie zur Verfügung stellen kann und die mit Methoden wie Mikrokrediten und Schenkgemeinschaften arbeitet.
Im Osten überlebte die „Zentralkonsum" die DDR; sie sieht sich in der Tradition des Zentralverbandes deutscher Konsumgenossenschaften. Unter ihrer Obhut produziert heute noch die Firma Röstfein, die von Wassertret-Pfarrer Sebastian Kneipp als Malzkaffee-Firma gegründet worden war. Sie ist die einzige von sieben ostdeutschen Kaffeeröstereien, die sich in der Marktwirtschaft behaupten konnte.
Ein weiteres Fossil ist die Firma Bürstenmann, die schon in der Weimarer Republik die GEG belieferte und neben Besen, Malerpinseln, Spül- und Klobürsten jährlich 100 Millionen Zahnbürsten produziert – bis heute am ursprünglichen Standort.

taz-Genossenschaft

Als die Berliner „tageszeitung“ 1992 eine Genossenschaft gründete, sollte dieses Konstrukt eine Zeitung retten, für die die redaktionellste Tat ist, das zu schreiben, was ist – ohne Rücksicht auf AnzeigenkundInnen, Parteienmarketing und Verlautbarungen von Verbänden.

Die Zeitung warb unter ihren Leserinnen und Lesern um Mitgliedschaft und finanzielle Beteiligung. Damit sollten die Konsumentinnen und Konsumenten zeigen, dass ihnen ihre Zeitung etwas wert ist. Es handelt sich also um eine Konsumgenossenschaft. Aber auch viele Redaktionsmitglieder beteiligten sich. Die taz-Genossenschaft ist also eine Mischform zwischen Konsum- und Produktionsgenossenschaft: Zum einen ist der Kapitalist als Funktionär verschwunden. Die ArbeiterInnen haben selber das Kommando über die Arbeit. Zum anderen sind die KonsumentInnen Mitbesitzende der Firma, die ihren Bedarf an einigermaßen unabhängiger Berichterstattung deckt.

Nein. Die GenossInnen der taz können aus ihrer Mitte den Aufsichtsrat wählen und darüber entscheiden, was mit ihren Einlagen passiert. Aber die journalistische Freiheit behält sich die Redaktion ausdrücklich vor.

Gerade diese Mischmodelle können systemverändernd sein. Die Konsumierenden investieren ihr Kapital nicht in der Hoffnung auf Profit, sondern um ihren eigenen Bedarf zu decken. Durch die langfristige Bindung machen sie die Arbeiterinnen und Arbeiter unabhängiger von Krediten und vom Konkurrenzkampf um die Tagesumsätze.

Auch bei der taz gilt, dass alle Mitglieder der Assoziation genau eine Stimme haben, egal, über wie viele Kapitalanteile sie verfügen. Olaf Scholz, der als einer der Ideengeber gilt und später Hamburger Bürgermeister wurde, sagte, dieses Modell passe zur taz, weil taz-LeserInnen ein starkes Bewusstsein für Selbstorganisation hätten. Die Genossenschaft habe die Leser-Blatt-Bindung der taz noch gestärkt.

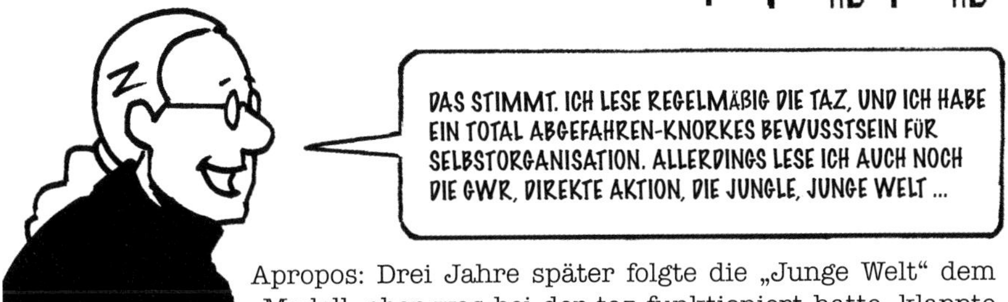

Apropos: Drei Jahre später folgte die „Junge Welt" dem Modell, aber was bei der taz funktioniert hatte, klappte bei der Jungen Welt nicht. Der Verlag ist anhaltend vom Konkurs bedroht, was JournalistInnen in anderen Ländern nicht von dem Versuch abhält, ihre Zeitung durch eine Kooperative zu retten, so zum Beispiel 2012 in Griechenland.

ALSO, JETZT WILL ICH DAS ABER NOCH MAL LOSWERDEN: ICH SEHE DARIN NICHTS, WAS ÜBER DAS BESTEHENDE HINAUSWEIST. ES IST UND BLEIBT EINE WIRTSCHAFTSORDNUNG, DIE AUF MARKT, WETTBEWERB UND DEM PRIVATBESITZ AN PRODUKTIONSMITTELN BERUHT. PROFIT, AUS GELD MEHR GELD ZU MACHEN, BLEIBT DAS ALLES BESTIMMENDE PRINZIP DES WIRTSCHAFTENS. UND DAS KANN NICHT IM INTERESSE DER ARBEITER SEIN.
DARAN ÄNDERN AUCH DIE GENOSSENSCHAFTEN NICHTS.
ABER DU WIRST DOCH ZUGEBEN, DASS MAN SICH MIT DEM GRÜNDEN EINER GENOSSENSCHAFT EIN WENIG MEHR FREIHEIT UND AUTONOMIE VERSCHAFFEN KANN.
DIE GENOSSENSCHAFTEN KÖNNEN VIELLEICHT DIE FEHLER DES KAPITALISMUS NICHT BEHEBEN, ABER SIE ERMÖGLICHEN IMMERHIN, DASS SICH EINE KLASSENLOSE, ANARCHISTISCHE GESELLSCHAFT ÜBERHAUPT DENKEN LÄSST.
ICH GLAUBE JA AUCH, DASS DIESE FEHLER NICHT IM „SYSTEM", SONDERN IM MENSCHEN BEGRÜNDET LIEGEN UND INSOFERN NIEMALS ÜBERWUNDEN WERDEN KÖNNEN.
DAS SEHE ICH GANZ ANDERS.
ES SIND GANZ WESENTLICH DIE MATERIELLEN VERHÄLTNISSE, DIE UNSER BEWUSSTSEIN BESTIMMEN.
ABER WAS SOLL DAS PHILOSOPHIEREN. WICHTIGER ALS ALLES ANDERE SCHEINT MIR HEUTE DIE KRITIK, DIE RÜCKSICHTSLOSE KRITIK AN ALLEM BESTEHENDEN.

APROPOS KRITIK: WARUM WIRD EIGENTLICH DER OLLE MARX IN DEINER ERZÄHLUNG ERWÄHNT UND ICH BLEIBE AUßEN VOR?
TJA, MONSIEUR PROUDHON, WEIL DU EIN WIDERLICHER, FRAUENVERACHTENDER MACHO UND ANTISEMIT WARST, HABEN SIE DICH EINFACH AUS DEM COMIC GEKÜRZT ...
HEY, SÜßE BEDIENUNG, DU HAST GLÜCK: ICH BIN SINGLE! KRIEGE ICH DEINE NUMMER?
CHRRRR ...
BEWI SCHNARCHT SCHON.
UND ICH BIN ZIEMLICH MÜD.
JENS BRUMMT NUR.
DAS WAR ABFAHRT SÜD ...
(GESUNGEN AUF DER STROPHENMELODIE VON COUNTRY ROSE).
ISS VOLL SPÄT, EY. ABNACHNAHAUSE!
DER THIEL LÄSST SICH ABER AUCH WIEDER ZEIT.
GRÜß DEN OLLEN MARX VON MIR!
ENDE

Literaturliste

Helmut Faust: Geschichte der Genossenschaftsbewegung.
Frankfurt 1977. Knapp.

Dora Rapold: Die Frauen von San Miguel.
Eine soziologische Analyse der Mobilisierung mexikanischer Bäuerinnen.
Bremen 1989. Edition CON.

Tode Todev, Gerhard Rönnebeck, Johann Brazda: Perversion einer Idee.
Berlin 1994. Duncker & Humblot.

Peter Kropotkin: Gegenseitige Hilfe in der Tier- und Menschenwelt
Trotzdem Verlag, 2011

Melford Elliot Spiro: Kibbutz – venture in utopia.
New York 1963. Schocken.

Haim Darin-Drabkin: Der Kibbuz – die neue Gesellschaft in Israel.
Stuttgart 1967. Klett.

Andreas Exner, Brigitte Kratzewald: Solidarische Ökonomie & Commons
Mandelbaum Verlag, 2012

Rolf Schwendter: Zur Alternativen Ökonomie III.
Berlin 1978. AK SPAK M 35.

Gisela Notz, Klaus Dieter Heß, Ulrich Buchholz, Theo Bühler:
Selbstverwaltung in der Wirtschaft – Alte Illusion oder neue Hoffnung?
Köln 1991. Bund.

Gisela Notz: Theorien alternativen Wirtschaftens – Fenster in eine andere Welt
Schmetterling, 2012

Heinz Schütte: Die Rolle der Genossenschaften bei der Industrialisierung.
Hannover 1971. Verlag für Literatur und Zeitgeschehen.

Heinrich-Kaufmann-Stiftung: Miteinander geht es besser.
Beiträge zur 1. Tagung zur Genossenschaftsgeschichte 2006. Norderstedt 2011.

Ralf Heimann: Die tote Kuh kommt morgen rein.
Eine Abrechnung mit den prekären Arbeitsbedingungen im Lokaljournalismus.
Frankfurt 2013. S. Fischer.

Barbara Rupflin, Silke Hensel, Barbara Rommé: Chile Solidarität in Münster.
Münster 2011. Westfälisches Dampfboot.

Findus & Luz Kerkeling

Kleine Geschichte des Zapatismus

Ein schwarz-roter Leitfaden

2. erw. Auflage
72 Seiten | 9.80 €
ISBN 978-3-89771-063-4

Spannender Sachcomic

Warum begannen am 1. Januar 1994 Zehntausende indigene Kleinbäuerinnen und Kleinbauern, die sich nach dem Revolutionsgeneral Emiliano Zapata ›Zapatistas‹ nennen, im südmexikanischen Chiapas ihre Rebellion? Wieso erfahren sie so viel solidarische Unterstützung? Wie organisieren sie ihren Widerstand gegen kapitalistische Ausbeutung, rassistische Ausgrenzung, Unterdrückung der Frauen und Zerstörung der Natur? Wie konnte es gelingen, autonome Parallelstrukturen zum repressiven mexikanischen Staat aufzubauen? Wie sieht ihr Alltagsleben aus?

Der vorliegende Sach-Comic liefert einen spannenden und bildreichen Einstieg in die facettenreiche soziale Bewegung, die viele emanzipatorische Bewegungen weltweit mit ihrer undogmatischen linken Politik inspirierte und weiterhin bereichert.

Hanna Poddig & Christopher Leo

Kleine Geschichte der Umweltbewegung

Von Radieschen und Revolutionen

112 Seiten | 9.80 €
ISBN 978-3-89771-285-0

Der Weg hin zu Fridays for Future …

Dieser Sachcomic über die Geschichte der Umweltbewegung in Deutschland wirft exemplarische Blicke über den Tellerrand hinaus auch in andere Regionen der Welt.

Was waren, was sind die jeweiligen inhaltlichen Forderungen? Welche Aktionsformen wurden bevorzugt? Wo wurden Flächen besetzt, Bauzäune eingerissen, Maschinen sabotiert, wann Tiere befreit oder Straßen blockiert? In welchen Kämpfen mischten die Autonomen mit und was können wir von den Zapatistas und der kurdischen Befreiungsbewegung lernen?

»Der Kampf für Klimagerechtigkeit hat eine lange Geschichte, von der wir viel lernen können. Ein Blick zurück kann sich lohnen, um nicht zu verzagen.«

Buchempfehlung jetzt-Redaktion

Antje Schrupp & Patu

Kleine Geschichte des Feminismus

im euro-amerikanischen Kontext

5. Auflage
88 Seiten | 9.80 €
ISBN 978-3-89771-314-7

Einführender Sachcomic – unterhaltsam und reich illustriert

Philosophinnen, Rebellinnen, Aktivistinnen: Dieser Comic erzählt die Geschichte des Feminismus im euro-amerikanischen Kontext von der Antike bis heute. Vorgestellt werden dabei nicht nur einzelne Feministinnen, sondern auch wichtige feministische Debatten, zum Beispiel über gleiche Rechte, Hausarbeit, freie Liebe, Gleichheit und Differenz oder Gendermainstreaming, in ihren jeweiligen historischen Kontexten.

»Ein äußerst empfehlenswertes Werk, um sich in kurzer Zeit einen Überblick über feministische Herstory zu verschaffen und dabei noch durch geniale Zeichnungen und Textblasen unterhalten zu werden.«

Tina Schulze
Missy Magazine

UNRAST Verlag | www.unrast-verlag.de | kontakt@unrast-verlag.de

UNRAST